O Encontro Poético
das Sarauzeiras Oníricas

Copyright © 2019 Editora Malê Todos os direitos reservados.
ISBN 978-85-92736-42-2

Capa: Thais Linhares
Editores: Francisco Jorge e Vagner Amaro
Copyright 2019 © Sarauzeiras Oníricas
Ilustrações e projeto gráfico © Thais Linhares

Texto revisado segundo o novo Acordo Ortográfico da Língua Portuguesa.
Proibida a reprodução, no todo, ou em parte, através de quaisquer meios.
Dados internacionais de catalogação na publicação (CIP) Vagner Amaro
CRB-7/5224

O58e   Onírica, Mery
        O encontro poético das sarauzeiras oníricas / Mery Onírica,
Lindacy Fidélis de Menezes, Yolanda Soares; ilustrações de Thais
Linhares. – Rio de Janeiro: Malê, 2019.
100 p.; 19 cm.
ISBN 978-85-92736-42-2

1. Poesia brasileira I. Menezes, Lindacy Fidélis de II. Soares, Yolanda
   III. Linhares, Thais IV. Título

CDD – B869.1

Índice para catálogo sistemático: Poesia brasileira B869.1

Todos os direitos reservados à Malê Editora e Produtora Cultural Ltda.
www.editoramale.com.br
contato@editoramale.com.br
2019

O Encontro Poético das Sarauzeiras Oníricas

Mery Onírica,
Lindacy Fidélis de Menezes
e Yolanda Soares

Ilustrações
Thais Linhares

Sumário

Cantiga da manhã – Lindacy Fidélis de Menezes	9
Insisto porque existo – Lindacy Fidélis de Menezes	10
Coisas do cotidiano – Yolanda Soares	12
Noite solidão – Yolanda Soares	14
Negra, sim! – Mery Onírica	16
Calçada da morte – Mery Onírica	18
Mulher gera – Yolanda Soares	20
Se eu fosse você – Yolanda Soares	22
Estatística – Mery Onírica	25
Quem sou – Mery Onírica	26
A flor da paz – Lindacy Fidélis de Menezes	29
Deus – Lindacy Fidélis de Menezes	31
Sonhos – Mery Onírica	33

Mulheres de 57 – Mery Onírica	35
Os sentimentos – Lindacy Fidélis de Menezes	36
Pedra bruta – Lindacy Fidélis de Menezes	38
Voltei pra mim – Yolanda Soares	41
Overdose de amor – Yolanda Soares	43
A lua menina – Lindacy Fidélis de Menezes	44
Cheia de Graça – Lindacy Fidélis de Menezes	47
Ao poeta maior – Yolanda Soares	48
Vida sempre – Yolanda Soares	50
Ancestralidade + 4 elementos – Mery Onírica	52
Eu, mulher madura – Mery Onírica	54
E o silêncio morre – Yolanda Soares	57
Lembra? – Yolanda Soares	58

O tempo passa – Mery Onírica	60
Ah, essas mulheres – Mery Onírica	62
Acredite – Lindacy Fidélis de Menezes	64
A chuva, o tempo e o vento – Lindacy Fidélis de Menezes	65
Simples assim – Yolanda Soares	67
Brincando de Deus – Lindacy Fidélis Menezes	68
Memória perdida – Yolanda Soares	70
E é só nosso esse amor! – Yolanda Soares	72
O que há em mim é amor – Mery Onírica	74
Os pensamentos – Lindacy Fidélis de Menezes	76
Lembranças – Yolanda Soares	77
Mãe, o mais tudo do planeta! – Mery Onírica	78
À procura – Mery Onírica	80
A poesia salva – Mery Onírica	81

Amo amar poesia – Mery Onírica	82
Socorro – Lindacy Fidélis de Menezes	83
Festa ou bagunça – Mery Onírica	84
Todas as cores – Lindacy Fidélis de Menezes	86
As lembranças! – Lindacy Fidélis de Menezes	88
Sentimentos… Deus nos deu – Yolanda Soaress	89
O medo do outro – Lindacy Fidélis de Menezes	90
Seres humanos – Yolanda Soaress	92
Qual o preço? – Yolanda Soares	93
Passageiros do amor – Mery Onírica	94
É Natal – Lindacy Fidélis de Menezes	97
Agradecimentos	99

Cantiga da manhã

Lindacy Fidélis de Menezes

Escutar o teu cantar atrai a calma da minha alma
Resplandece meus pensamentos
Me alenta, me conforta e me dá ânimo de viver
Teu cantar proporciona a alegria de lutar pelo dom da vida
És livre e voador
Teu canto é um encanto
És preso e perseguido
Teu cantar é teu castigo.
Quanto mais cantas, mais cobiçado és pelo homem
Seu destino é uma gaiola
Mas mesmo assim, cantas feliz e satisfeito.
Se entregas tanto ao capricho do homem
E quando a liberdade é dada
Não sabes mais voar
És uma presa da liberdade
O gato faceiro muito esperto te cobiça e te deseja
Voa passarinho!
Você consegue

Insisto porque existo
Lindacy Fidélis de Menezes

Insisto e persisto sempre porque tenho sede de saber
Insisto na esperança de encontrar caminhos perdidos no passado
Insisto nas respostas que a vida nos nega todos os dias.
Insisto no que vejo.
Insisto no amanhecer e nele encontro sempre as respostas!
Insisto em acreditar que somos capazes
buscando e entendendo no silêncio o significado das palavras
e agradecida a Deus por cada manhã.

Insisto nos becos e vielas que percorro a cada semana
na busca de histórias, conhecimentos
e lendas nas favelas cariocas.
Insisto nos encontros literários com a FLUP
que me renovam a cada semana.
Insisto na coragem que me toma a criar poemas e poesias.
Insisto no aprendizado com os amigos e escritores
sempre prontos a me ajudar.
Insisto na vida, na luta, no querer, e na realização dos sonhos.
Insisto no prazer que o querer faz
Insisto somente na vontade de Deus.

Coisas do cotidiano

Yolanda Soares

Vou tomar um café...
Esquecer o malmequer
Ouvir uma música boa
Escrever um romance
Viver... Só um lance
Vou comer algo também
Quem sabe um pão na chapa
Ou até um misto quente
Um pão de queijo gostoso
Que tenha um recheio cremoso
Ah, isso faz bem pra gente!
Mais tarde, se pintar um bate-papo
Vou lá, quem sabe...
Se não conheço alguém
Que goste do que eu gosto
Que escreva algo também
Que ouça a mesma música
Que tome o café igual
E que queira viver só um lance
Sem nenhum ritual
Coisas simples do cotidiano

Que antes eram normais
Que fazem falta pra burro
Que nos deixam solitários
insones
sem perspectiva
Nesse mundo virtual
Louco e tão desigual?
É, acho que vou tomar um café

Noite solidão
Yolanda Soares

Da janela olho a rua
Numa madrugada sem lua
Num silêncio sem igual
O vento não deu o ar da graça
Mas o calor incomoda
Até o cão que na calçada dorme
Me perdi no tempo sem nem saber o que queria ver
Nada aconteceu, ninguém nas janelas!
Nem o vizinho que fumava nas madrugadas
Ele não apareceu
De repente uma trovoada clareou o céu
E a chuva caiu aos poucos...
Abri um sorriso e agradeci
Fechei a janela e fui dormir
Em paz.

Negra, sim!
Mery Onírica

Nas minhas vivências
As potências e os afetos adotaram uma postura
"Quero ser livre com sentido"
Sou intensa, tenho um coração que pulsa, pulsa, pulsa...
Não quero dormir, não quero fugir...
Só quero viver, viver!
Eu me construo, eu me reconstruo.
Eu vivo!
Sou mulher negra, sim
Enxugo lágrimas e só caminho quando sei aonde vou chegar
Meu mundo é um sonho real
Nele construo ideias,
Crio sonhos e meu ego se enaltece!
Sou a união estável entre seres que se amam
Quero a paz entre os povos
a harmonia para o planeta em que vivemos.
Não tenho dúvidas em meu "Ser"
Só tenho garra e vontade de "Ser", de querer, de saber, de vencer!
Sou negra cheia de graça
Não digam para mim: ponha-se no seu lugar!
O meu lugar é onde eu quiser estar!

Calçadas da morte

Mery Onírica

No Brasil o povo é trabalhador
porém seu trabalho não tem valor
Com um salário miserável
tem vida pouco considerável
Violência, desigualdade social...
Para o trabalhador tudo vai mal
A saúde na periferia, ih!
é uma grande disenteria
O povo sofre
O povo morre
Meu Deus...
Quem socorre?
"Idosos morrem nas calçadas"
Suas vidas são tiradas ou rasgadas
Pela negligência de quem deveria "salvá-las"?
Muitos bebês não fazem aniversários
Pois morrem no ventre ou nos berçários
Orgulho de ser um brasileiro talvez gostassem de ter
Porém nem chegam a nascer!
Que país é esse, hein?

Mulher gera

Yolanda Soares

Sim!
Gero.
Ponho no mundo.
Amamento.
Amo incondicionalmente.
Cuido do pai, dos filhos e dos netos.
Eu consigo!
Sou de ferro?
Claro que não!
Sou forte?
Às vezes!
A doença quando chega
Mando-a embora.
Não tenho tempo
Sou do tipo que aguento.

Sem preguiça, sem vergonha...
Preconceitos, não aceito.
Sou guerreira, travo lutas.
Quando mexe com o rebento...
Viro bicho!
Sai de baixo se tem juízo.
Não gosto que me agridam.
Afinal, carinha que papai e mamãe beijaram
Louco nenhum encosta a mão!
É isso!
Mulher gera
No útero
E também no coração.

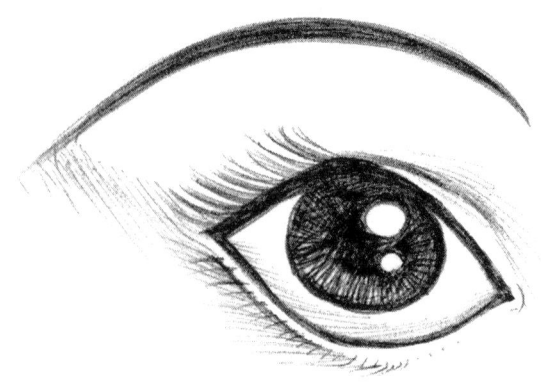

Se eu fosse você
Yolanda Soares

Se eu fosse você
Diria que não!
Que não voltaria
Que não poderia
Que não mudaria:
A cor do cabelo
A roupa da festa
A opinião
O senso da vida
O seu peso e medida
E nem a vontade
De fazer concessão
Ah, se eu fosse você
Mudava de casa
Curtia a vida

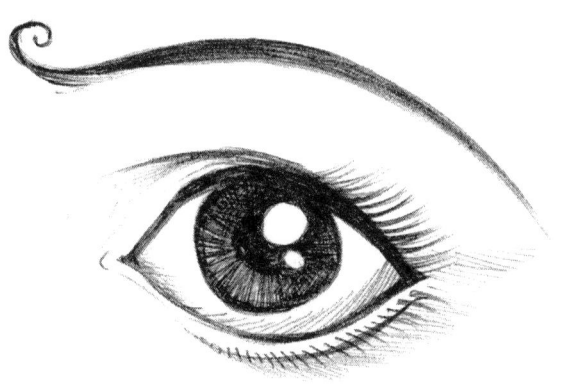

Esquecia as feridas
As mágoas de outrora
Pegava a estrada
Num louco caminho
Sem direção
Pensava em mais nada
Só de sacanagem chutava o balde
E se alguém reclamasse...
Mandava pra aquele lugar
Só pra variar
Mostrava a todos que a vida é sua
Que ninguém tem o direito
De lhe dizer o que tem que fazer
Mas como não sou você...
Vai ver se estou na esquina.

Estatística
Mery Onírica

Os sons mais ouvidos são os estampidos
Balas ao vento
Em curto espaço de tempo vidas são levadas
De seus entes queridos
São arrancadas
Perdidas?
Não!
Destino certo!
A vida de alguém.
O nome?
"Estatística"

Quem sou

Mery Onírica

Sou mulher, mãe, avó e poeta
Descoberta pela FLUP
Aprendi que a poesia é um remédio para o corpo e para a alma
E que através dela posso mostrar minha veia poética
e sair do anonimato
E ter a certeza de que a poesia é a transformação
e o mistério de todas as coisas
Ela não cria adeptos e sim amantes
Porque a poesia é precisão
e tem comunicação com o sofrimento e a ficção
E é por isso que com a poesia identifico-me refugio-me,
transporto-me, defino-me
E "vivo"
Pois pra mim a poesia é uma forma de eu me vingar
de toda a violência que sofri na infância
E me aquecer das noites frias de quando era moradora de rua.

A poesia não me deixa ser um monte confuso,
pois me liberta, cura-me e me abre para o mundo.
A poesia não prende a minha alma
e sim completa meu ser
Com a poesia a minha vida é vivida e não lamentada.
Eu acredito que a poesia foi um presente,
ou uma forma de Deus me ajudar a superar as perdas
e os danos que a vida e as pessoas me fizeram passar.
Nem sempre fui poeta,
apesar de começar a escrever desde menina.
Gostava de ler mesmo sem ter um lar.
Eu tinha sonhos, mesmo no meio do nada.
Na infância que não tive...
A vida se fez madrasta para mim!

A flor da paz
Lindacy Fidélis de Menezes

Nossa vida é construída a cada passo sem descanso.
Caminhamos a cada instante na ganância do poder.
Esquecemos do amor.
Não somos mais amantes nem da vida
E nem da natureza.
Vivemos na sombra do medo, na ilusão de dias melhores.
Sonhamos com a paz do mundo
Sonho difícil de ser realizado, mas não impossível!
Não existem culpados, somos todos.
A terra gira, levando a noite e trazendo o dia.
As águas correm tranquilas em direção ao mar.
O tempo passa,
E a cada dia adquirimos novos conhecimentos.
Portanto aposte no amor
Aproveite a felicidade
Invista na paz
Deposite esperanças
Acredite no poder de Deus
Colha amigos.
Plante a semente do respeito
Que um dia nascerá a flor da paz
Para o mundo contemplar toda a eterna beleza.

Deus
Lindacy Fidélis de Menezes

Deus, te vejo no olhar daquela criança faminta
Na mãe sofredora
Na revolta daquela criança de rua
Que nasce do acaso e vive no nada
Te vejo, Deus...
Deus, te vejo naquele mendigo que perambula
pelas ruas sem teto e mesmo assim ainda sorri.
Deus, te vejo no olhar da criança abandonada
Jogada nas lixeiras
Nas valas
Até nas caixinhas de papelão
Deus, te vejo na pobreza dos mais pobres
Dos pobres corações, cheios de covardia,
Ambições, inveja, traição...
São tantos sentimentos, que me faltam palavras!

Sonhos
Mery Onírica

Talvez não tenhamos mais o amanhã
Mas o hoje ainda é esperança
E os sonhos estão vivos
Não podemos desistir de nossos sonhos
Temos que estar à altura dos desafios
Para conquistarmos os nossos objetivos
Cada dia que passa é uma esperança que se renova
O melhor de nós temos que fazer hoje
Discordo de gente colorida
Quero sonhos verdadeiros
A paz é um sonho que não vai morrer
Guerra, violência e homofobia, vão ter fim um dia
Os sonhos estão nas raízes das dificuldades
que não deixamos se criar
Os sonhos são a procura do hoje
que precisamos acreditar
Vamos fazer os sonhos com juros de amor
e prestações de alegrias, sem parcelar suas emoções
dando crédito às oportunidades
de se preparar o futuro
Não descarte suas esperanças e sim as alimente!

Mulheres de 57

Mery Onírica

Com alguns versos
Podemos surpreender
com um sorriso
As idades podem esconder
Mas o ano em que nascemos
não podemos...
A idade da razão é aquela
em que se conta os segredos
para si mesma
Nós mulheres de 57
somos mulheres que fazem da vida
o ponto de partida
Fazemos da esperança a caminhada
Da força de vontade a arma
Do incentivo a munição
Da verdade a melhor forma
Do sonho um tema
Do futuro um lema
Da fé a dose mais forte
Da coragem o suporte
Do trabalho e da literatura a escada do futuro
Da poesia a solução para um mundo maduro
E leitores com aptidão.

Os sentimentos

Lindacy Fidélis de Menezes

Senhoras e senhores
Quando nasci fui apresentada aos sentimentos:
Mágoa, rancor, revolta, angústia, medo, ilusão
Coragem, felicidade, amor...
Todos me abraçaram e me desejaram boa sorte.
Ao chegar à terra, de cara fui rejeitada pela minha mãe.
A tristeza logo veio e me ofereceu ajuda.
O medo ficou do meu lado, querendo ser meu amigo.
A mágoa querendo invadir o meu coraçãozinho.
O ódio disse; estou contigo e não abro, se quiseres
serei teu alimento, vou alimentar teu corpo
com todo o meu veneno.
O rancor falou: se quiseres, serei o teu aliado também.
Entre todos, escolhi o medo.
Ele me acolheu, me ninou,
Me ensinou a ser o seu dependente.

Medrosa e insegura, vivi por muito tempo!
De repente o amor e a felicidade
fizeram-me uma surpresa...
Se juntaram à alegria e me estenderam as mãos.
Insegura e com o medo do meu lado, segui em frente.
Tomba aqui, tomba acolá e fui seguindo de mansinho.
Os dias passaram...
O tempo corria, eu nada entendia.
Segui em frente, até que um dia
a felicidade abriu os seus braços
Acolheu os meus sonhos e despertou os desejos e fantasias
Que trago guardados dentro da mente que eu não conhecia.

Pedra Bruta

Lindacy Fidélis de Menezes

Hoje, é dia do faz de conta
Era uma vez...
Assim começa, brota da mente de um escrito
Gotas de conhecimentos,
Escrevemos no papel,
Formamos palavras transmitindo alegrias
nos momentos de angústia.
Esse é o destino do escritor
Escrever criar e imaginar.
Poesia brota da mente e vira palavras de sabedoria
Moldada na mente de cada escritor
Ela modifica e se cria.
A maneira de cada poesia é inspiração
Sai da mente como ensinamentos
e entra na alma como soluções
Para refletir os problemas que atravessamos no dia-a-dia
Poesia é calmante da alma
Nos acalma
Nos acalenta
Nos fortifica
Para enfrentar as tempestades da vida
é preciso ser poeta!

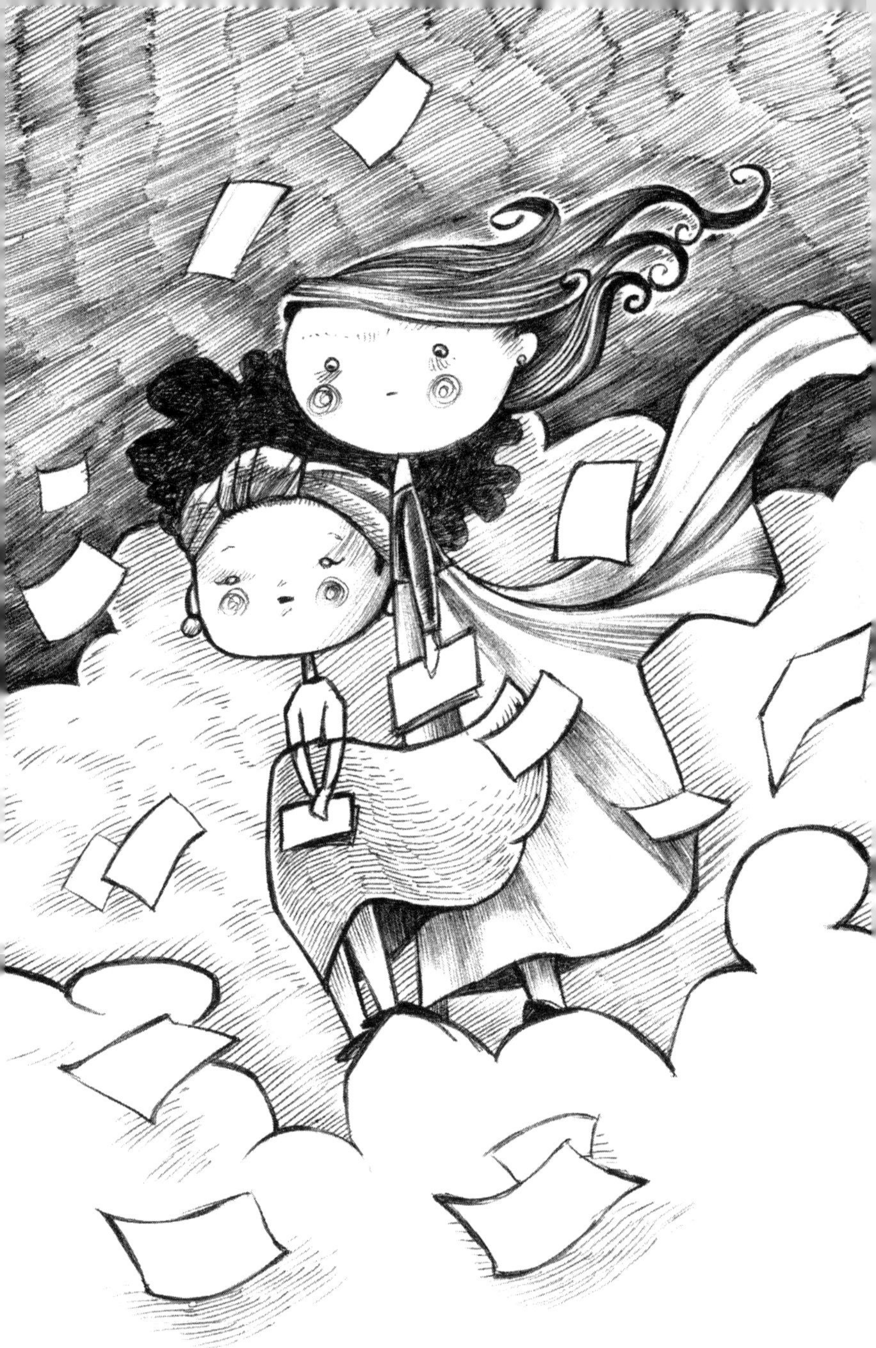

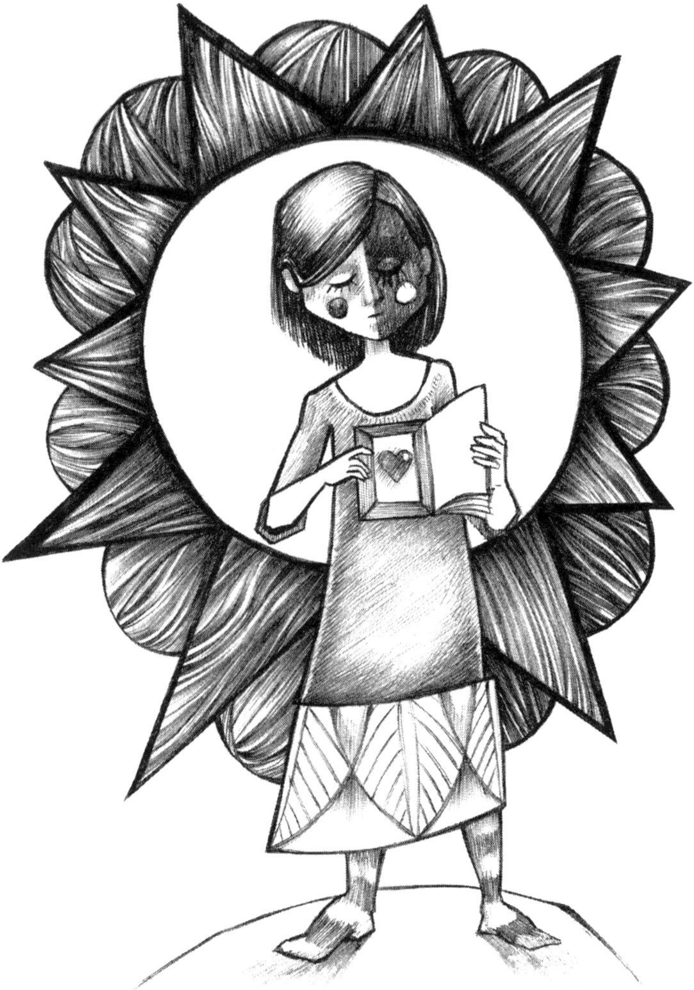

Voltei pra mim
Yolanda Soares

Despi meu corpo e minha alma
Mudei meus planos....
Respirei fundo com calma
Trabalhei a resiliência
Ignorei as entrelinhas provocantes
Dos seus atos impensados
Engoli o meu orgulho
E deixei que o amor falasse por mim...
Mas por mais que eu te amasse
Meus outros EUS me diziam:
Sai dessa que é furada!
E de tanto ouvir os meus EUS
E de tanto te perdoar
E de tantas decepções
Fui atrás da minha dignidade
Pois eu a havia perdido
Em algum lugar do ontem.

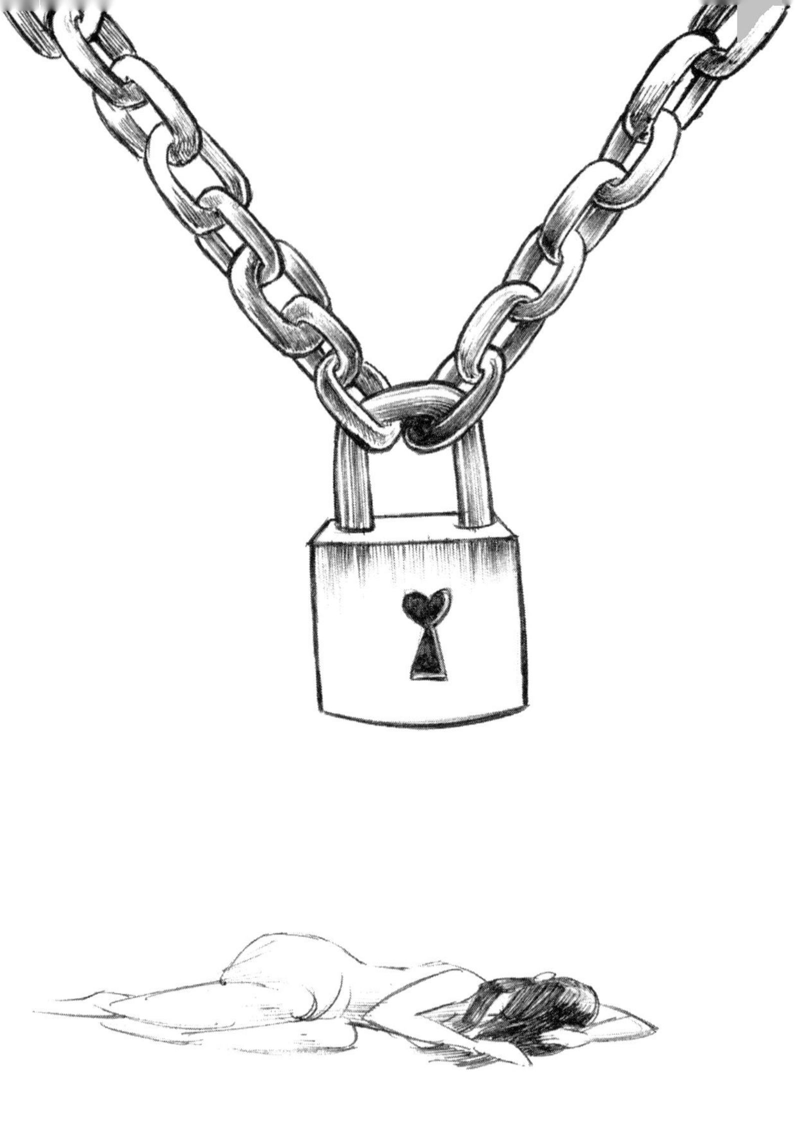

Overdose de amor
Yolanda Soares

Joguei fora sentimentos
Esvaziei minha alma
Coloquei um cadeado no meu coração
E na porta, uma placa
Fechado por tempo indeterminado.
Fui para um spa e pedi para não ser incomodado
Convoquei todos os funcionários
Pra eles fiz uma prece:
Me cuidem, me vigiem, me ajudem...
Sou um dependente assumido
Usuário de amor, da paixão dos abraços
Dos agrados dos sorrisos alheios
Das palavras doces
Da sinceridade...
Sou masoquista e não tenho cura
Em caso de recaída
Me coloquem na camisa de força
Façam de tudo
Mas não me deixem morrer de overdose.

A lua menina

Lindacy Fidélis de Menezes

Era madrugada,
O sono foi embora
Cheguei na janela e olhei para o céu
Lá estava ela
Linda, crescente e iluminada,
Tão bela e incandescente
Acompanhadas pelas estrelas
que passeavam no céu límpido
As nuvens se escondiam
O vento passava mansinho
Os pássaros dormiam tranquilos...
Era mais uma madrugada que se despedia da lua
Menina
E se preparava para mais um novo dia
Que já se iniciava com os cantos dos pássaros
E dos galos também.

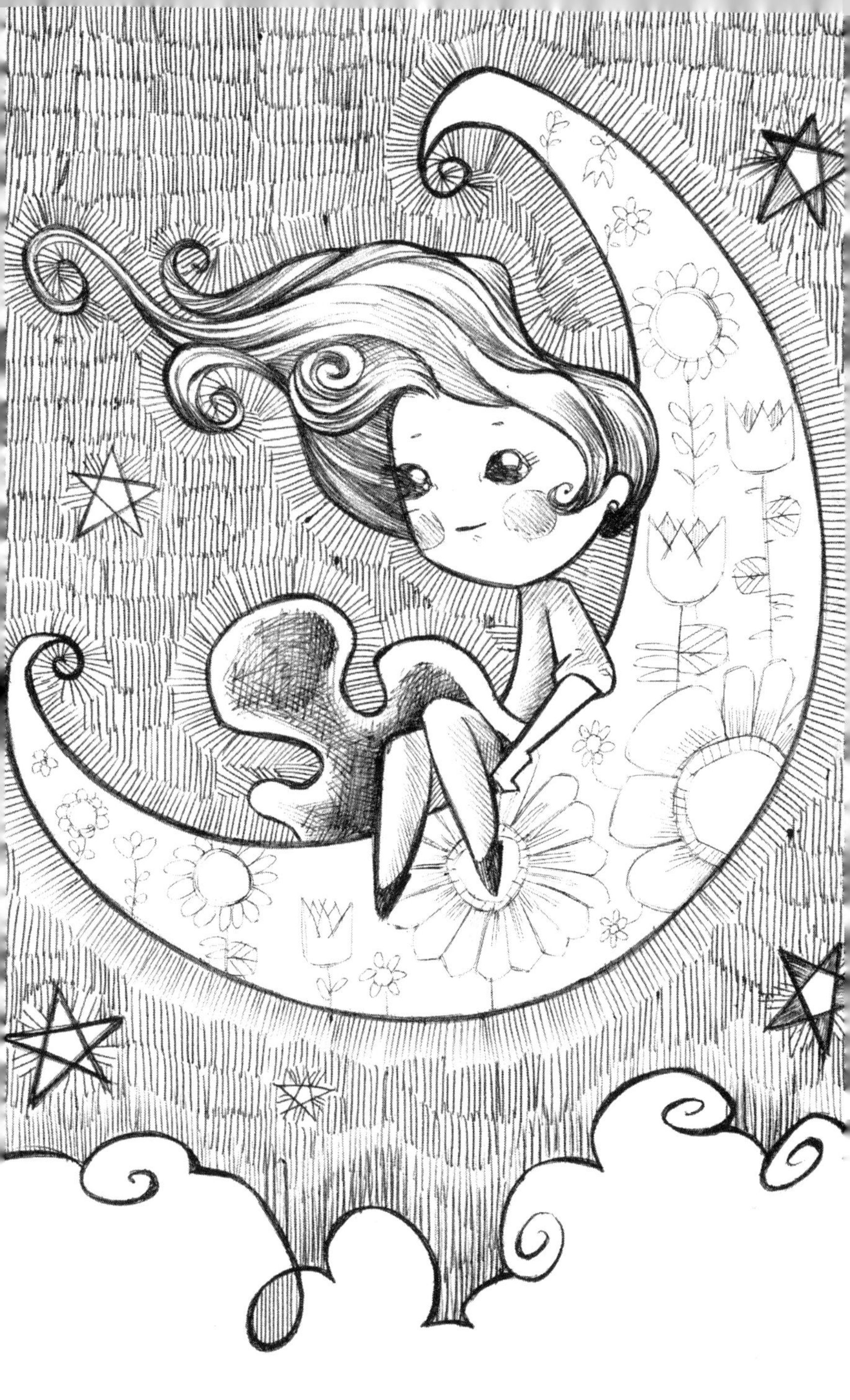

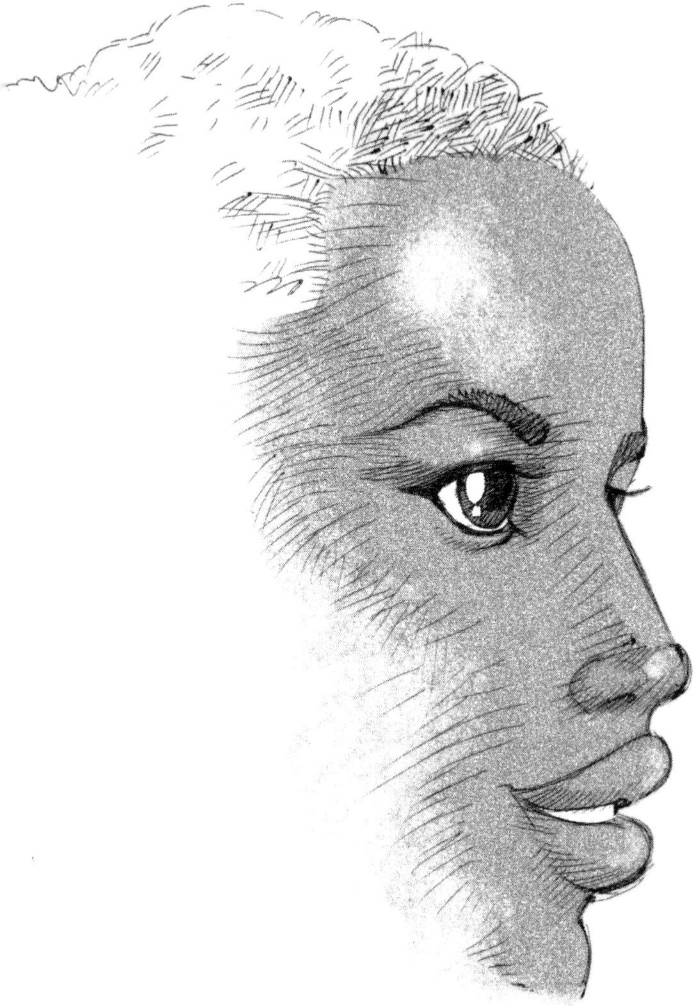

Cheia de graça

Lindacy Fidélis de Menezes

Mulher... És o símbolo da natureza
És a vida que dá a vida
És bela quando embala nos braços
Os frutos dos amores vividos.
Forte, guerreira, determinada
Defende as crias, com a força do amor.
Se entrega às paixões
Cai de cabeça
Sobe no alto
Se equilibra no salto
Sacode os cabelos e vai
Faceira, espalhando beleza
Não importa seu tempo
Lá vai a mulher, cheia de graça...
Mãe, pai, filha, amante
Dona de casa, esposa, dona de nada
Safada, dengosa, simples, barraqueira.
Somos tantas, que a vida não dá conta.
Haja graça para tantas mulheres.

Ao poeta maior

Yolanda Soares

Foi na poesia que encontrei a fonte
Que bebi a água
Que vi no horizonte...
Um pedaço que faltava em mim
Foi na poesia que encontrei os sonhos
Que descobri teus olhos
E voltei a me sentir plena assim
Foi por causa da poesia...
Que perdi a tristeza
Que preenchi o vazio
Que descobri o céu
Com sua lua e seu sol
Com seus satélites e estrelas
Com suas nuvens inteiras
Que passam enquanto me perco
Deslumbrada com sua beleza infinda
Foi na poesia que encontrei o lugar
Que parei de vagar sem rumo
Destoada do mundo...
Por causa da poesia descobri você!
Eterno e senhor de mim.

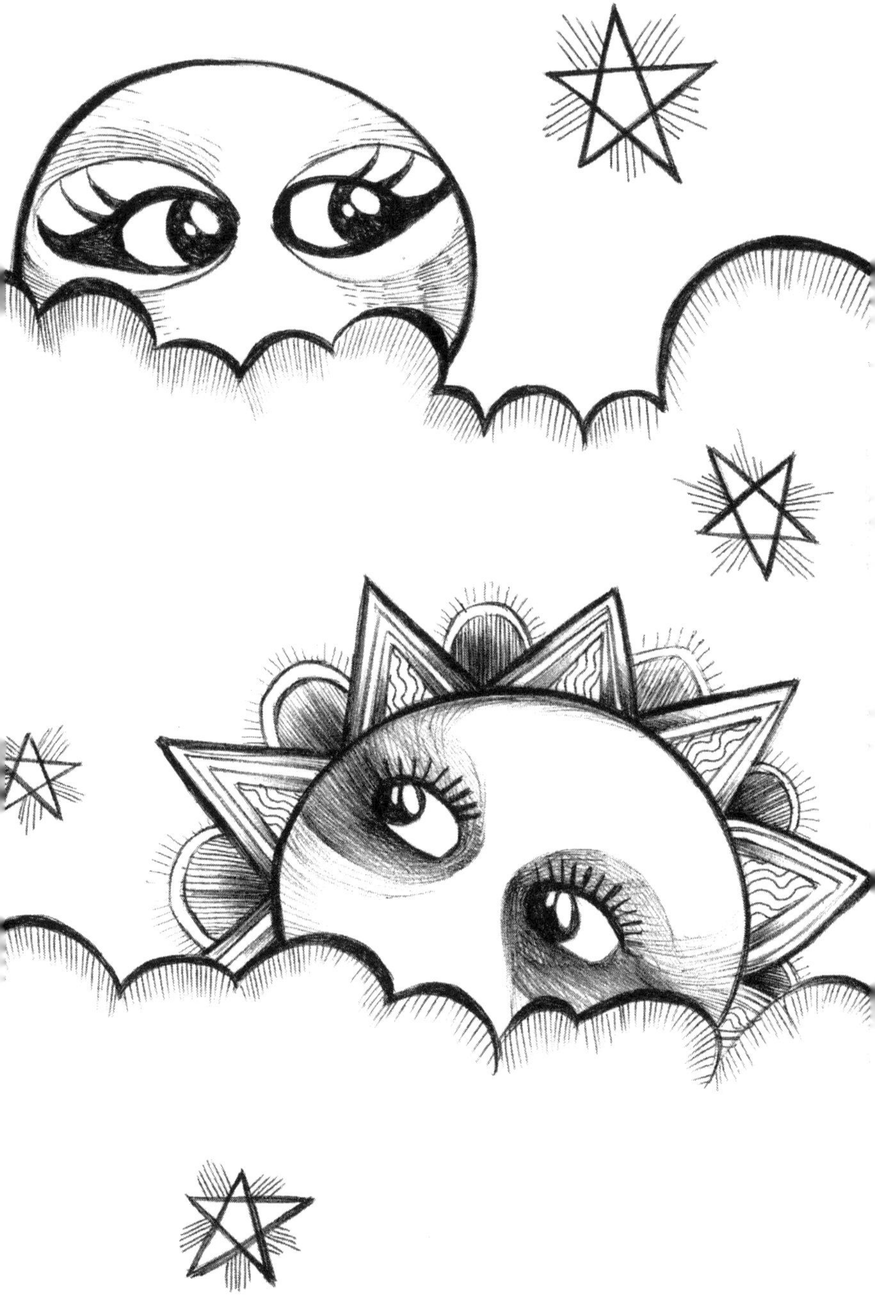

Vida sempre
Yolanda Soares

Meu coração anda meio que doente
Meio que dormente
Meio que perdido
Meio que cansado
Meio que fodido!
Ele se desentendeu com o mundo
Quer virar vagabundo
Não quer mais saber de dor
Prefere virar anônimo
Passar bem despercebido
Não deixar rastro e nem fazer ruído
Não ser mais jogado na lama do amor.
É, esse meu coração cansou
Agora ninguém vai conseguir com que ele mude
Na verdade ele prefere a liberdade
Porque ele não gosta de metade!
Se não for por completo
Prefere andar sem destino
Como louco...
Todo sujo, disfarçado de ninguém!
Ele só não quer mesmo é parar de bater
Quer viver...

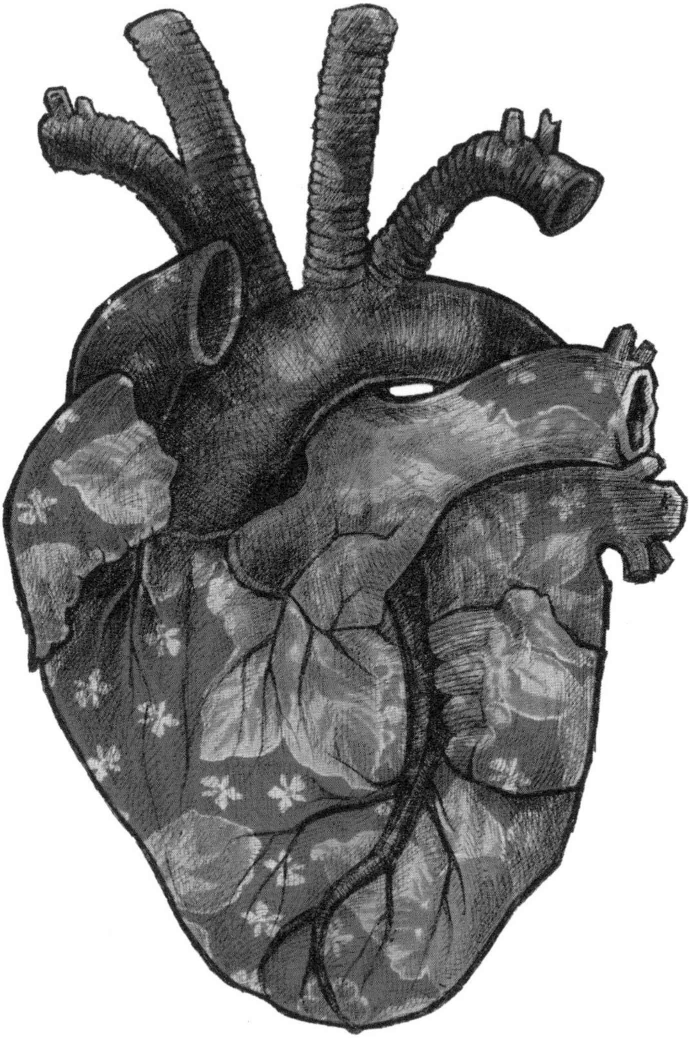

Ancestralidade +4 Elementos

Mery Onírica

Sou da água, mas tive que aprender a lidar com o fogo
Sou do ar, mas vi o amor na terra entranhar
Sou o sonho e vi nas raízes as dificuldades não se criarem
Sou do dia, mas sei viver na noite
Sou da guerra, mas proclamo a paz
Sou um louco que procura o que ninguém quer achar
Sou negro, sabes da minha história?
Não! Vivo na sombra.
Sou o fogo que queima e a água que apaga
Sou o caminho e o destino que te faz vencedor
Sou a terra que tira o medo do ar que respiras
Sou a confiança dos mortos que não morreram
Sou o perdão que tem asas e que te faz voar
Sou a ancestralidade perdida nos bons sentimentos
Sou a procura do hoje que preciso acreditar
Sou mazombo à espera de afirmação
Sou realengo que conduz a expressão!

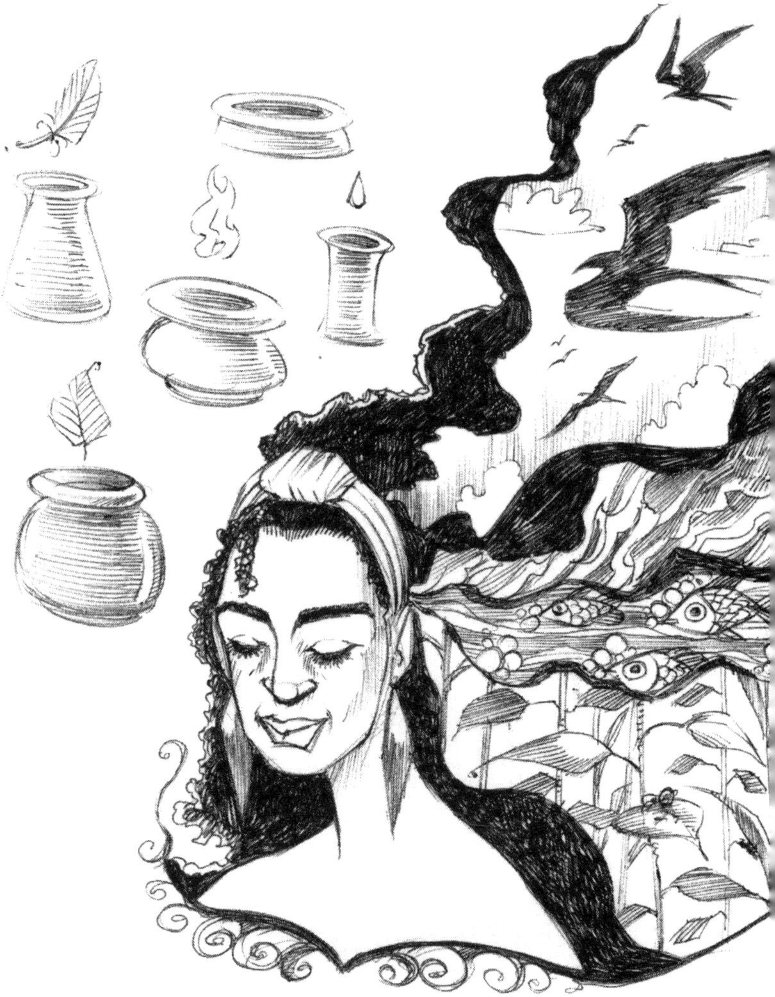

Eu, mulher madura

Mery Onírica

Hoje transpiro maturidade
Pois já vivenciei metade das minhas histórias de vida.
Construí meu castelo (meu lar)
Abracei meu mundo (minha família)
e colhi os frutos (meus filhos).
Lutei, sofri, chorei e aprendi
Com as idas e vindas
De vitórias e fracassos
Sorrisos e lágrimas.

Derrubei barreiras dentro de mim.
Fiz sacrifícios por amor e por amar.
Sou uma mulher incansável na arte de defender:
Meus filhos
Meus netos
Meu marido
E minha vida literária.

Sentindo a idade na pele, continuo sendo mãe!
O valor da vida e o sentido concreto
São as fórmulas dos mistérios que Deus escondeu
No meu coração de mulher!
E por isso hoje, sou muito segura de mim.
Sou mulher madura

Mas às vezes, sou menina-insegura!

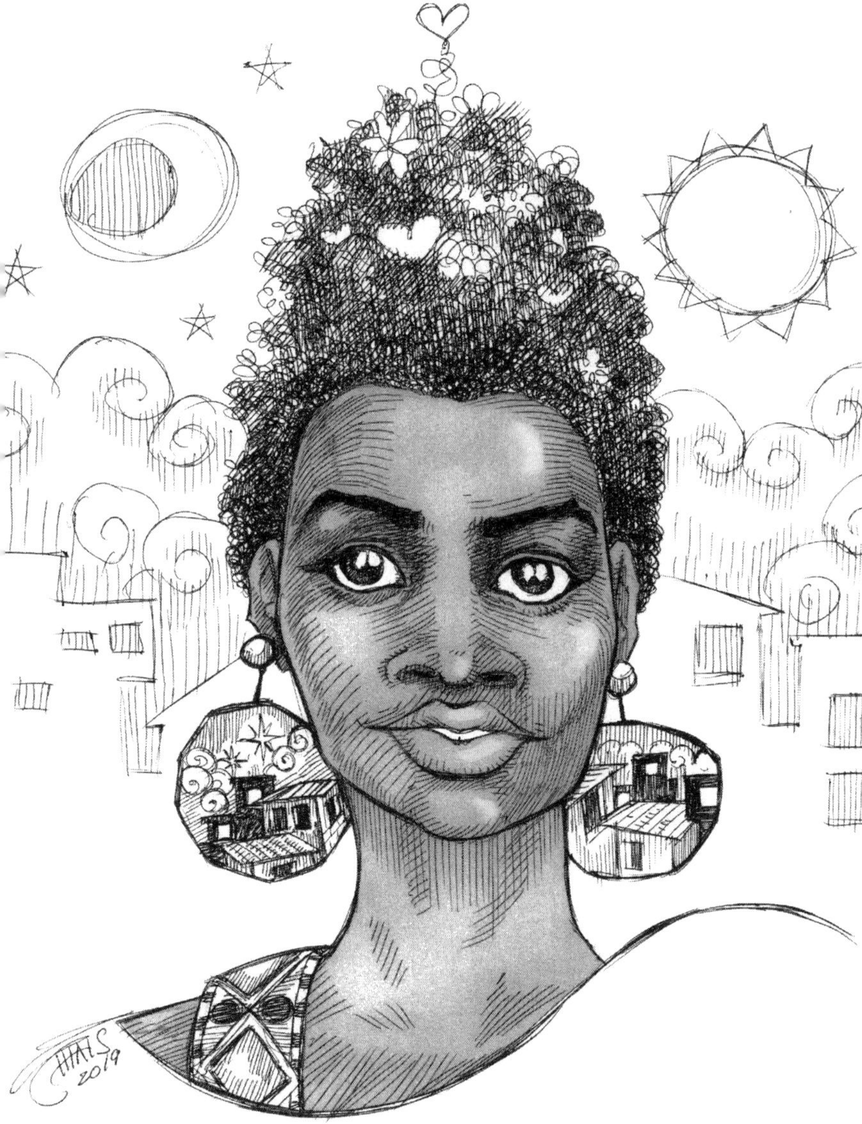
THAIS
2019

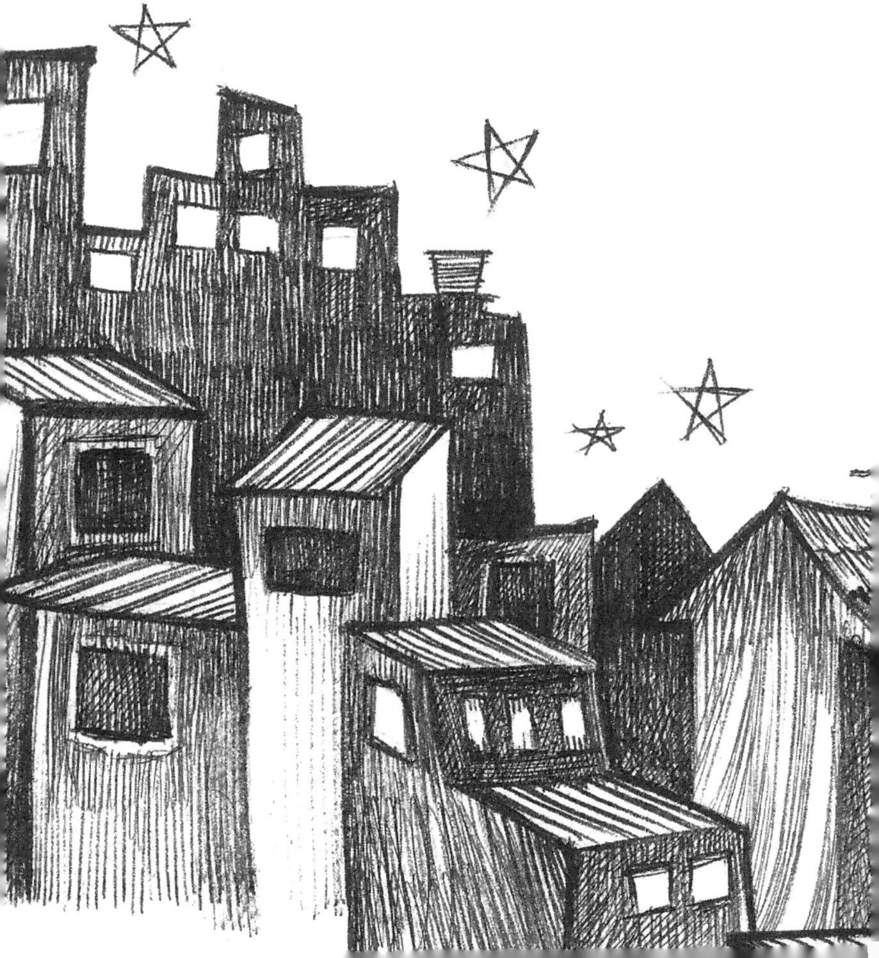

E o silêncio morre

Yolanda Soares

O silêncio fala alto nessa noite...
Ele cala o vento
Cala o sentimento
Ele cala o coito
Cala o tesão
Ele cala o grito
Cala o temor
Ele cala a alma
Cala o coração
E morre no choro de um bebê.

Lembra?
Yolanda Soares

Lembra de mim!
Mas lembra todos os dias
Como outrora você lembrava
Lembra?
Mãos dadas nas ruas
Abraços carinhosos
Beijos silenciosos
Amor de verdade!
Só queria que você lembrasse
Mas não só de mim...
Lembra de nós!
Saudades.

thais linhares.
Rio. 18

O tempo passa
Mery Onírica

Guardo o tempo e os anos na memória
Coisas boas que aconteceram
E as ruins que prefiro não lembrar
Guardo a evolução, guardo a história
As lições que aprendi nos caminhos que percorri
Jamais me arrependi do que vivi e sim do que não vivi.
Guardo o tempo em que vivi na terra
E as lembranças de muitas guerras.
Homem no espaço, homem pisando na lua.
Guardo prédios bonitos
Gente morando na rua
Guardo traços no rosto
Guardo marcas da idade
Guardo a liberdade que vejo no tempo passar
O tempo passa
O tempo muda
Como fragmentos ao vento
Não, não sou velho
Só estou me preparando para contar a minha história.

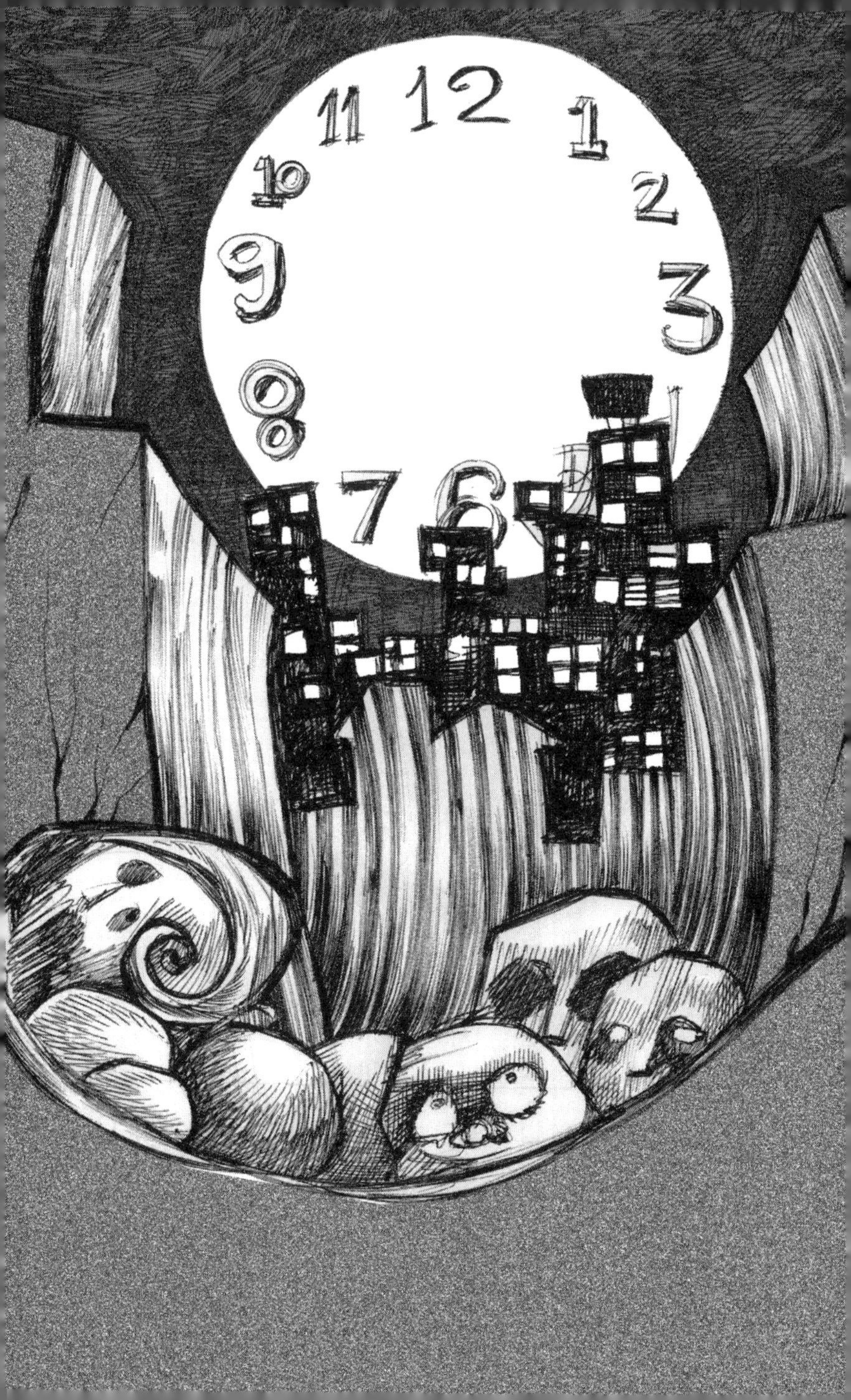

Ah, essas mulheres

Mery Onírica

Brancas, ruivas, louras, negras, morenas ou pardas
Qual delas pode ser?
Revolucionárias feministas, autênticas
Ou simplesmente Mulheres!
A sua cor, raça ou condição social
Que importa?
É Mulher!
Seus movimentos, sua fala, seus gestos.
Tudo indica autoridade, sensatez,
e toda sua feminilidade
É Mulher!
Doce, explosiva, calma, arrogante, decidida.
Controla a situação! Sensual, dinâmica, altruísta,
dona de casa ou artista.
É Mulher!
Objetiva, espontânea, solteira casada ou ficante
É Mulher!
Poetisa, escritora, cantora, professora.
Advogada, médica ou enfermeira.
É Mulher!
Qualquer que seja sua profissão
Dá-se por inteira.

Feia, bonita, gorda ou magra.
É Mulher!
Vaidosa ou não
Sem ela não se vive não!
Mãe, companheira, ou amante.
É Mulher!
Precisamos delas
A todo instante!
De rainha à limpadora de chão
Mulheres sempre serão!
Ah, essas Mulheres!

Acredite

Lindacy Fidélis de Menezes

Sonhos sem fé são vitórias perdidas.
Esperanças sem persistência, é futuro sem presente
Noites sem madrugadas é céu sem estrelas!
Amor sem amor é vida vazia, que segue sem rumo
Sertão sem chuva é fome, miséria...
É seca total!
Agulha sem linha nada costura.
Orgulho é passatempo do tempo
Que passa com pressa e nada constrói.
Acredite!

A chuva, o vento e o tempo

Lindacy Fidélis de Menezes

Andando
No compasso do passo,
Seguindo ligeiro
Tentando a companhia
O passo do tempo que passa com pressa.
O tempo nada espera, segue sempre seu rumo
Acompanhando o vento que segue veloz e que nada respeita
Tudo derruba deixando estragos...
Ligeiros eles se vão!
Encontrando-se com a chuva ele se torna tempestade
E assim se vão...
Eles: o tempo, o vento e a chuva
levando sonhos e lutas de vidas inteiras
Deixando as lembranças junto às saudades
Que ficaram para sempre na vida de alguém.

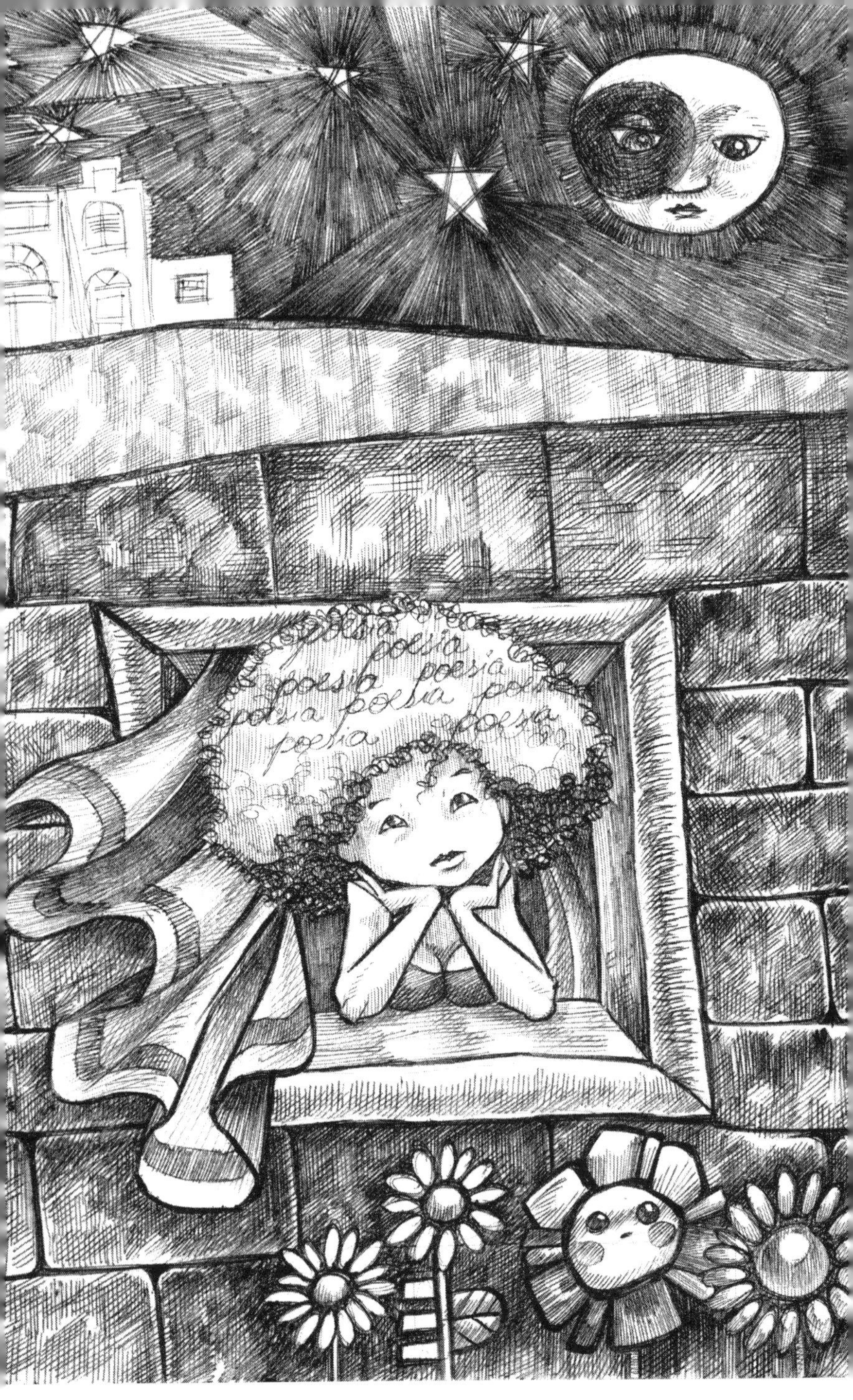

poesia
poesia
poesia
poesia
poesia
poesia

Simples assim
Yolanda Soares

Escrevo o simples, pois simples eu sou.
Quem lê os meus versos...
Se for simples aceita, se não for rejeita!
É que tudo que escrevo
Eu vivo, eu sinto, sai do meu coração
É o que tenho na alma
É o que me traz calma, é o que me faz viver.
São simples os meus sonhos, e é perto do real
É simples o meu amor, e fácil de perceber
É simples a minha história
Como são simples as minhas memórias!
Aliás, adoro ser simples
E o dia em que eu não for, esta não serei eu
Pois ser simples é o que sei ser.
Daí os meus versos, tão simples assim.
Faço-os para mim, faço-os para você,
E para quem mais quiser...
Simples assim.

Brincando de Deus

Lindacy Fidélis de Menezes

O homem vive na ilusão
Deposita no fraco o poder da destruição
Criam guerras e conflitos acabam
Como plantas espalham
O medo
Usam o poder sem amor à própria vida
Vivem na agonia da pura ignorância
De mata ou morre
Destruindo vidas
Acabando com sonhos de tantas pessoas
É triste ver tantas crueldades
Criança morrendo
Fugindo das guerras
Morrendo pelos caminhos
Enfrentando tão cedo as duras realidades
de um povo louco
Que só pensa no poder
Que mundo é esse?
É o homem brincando de Deus

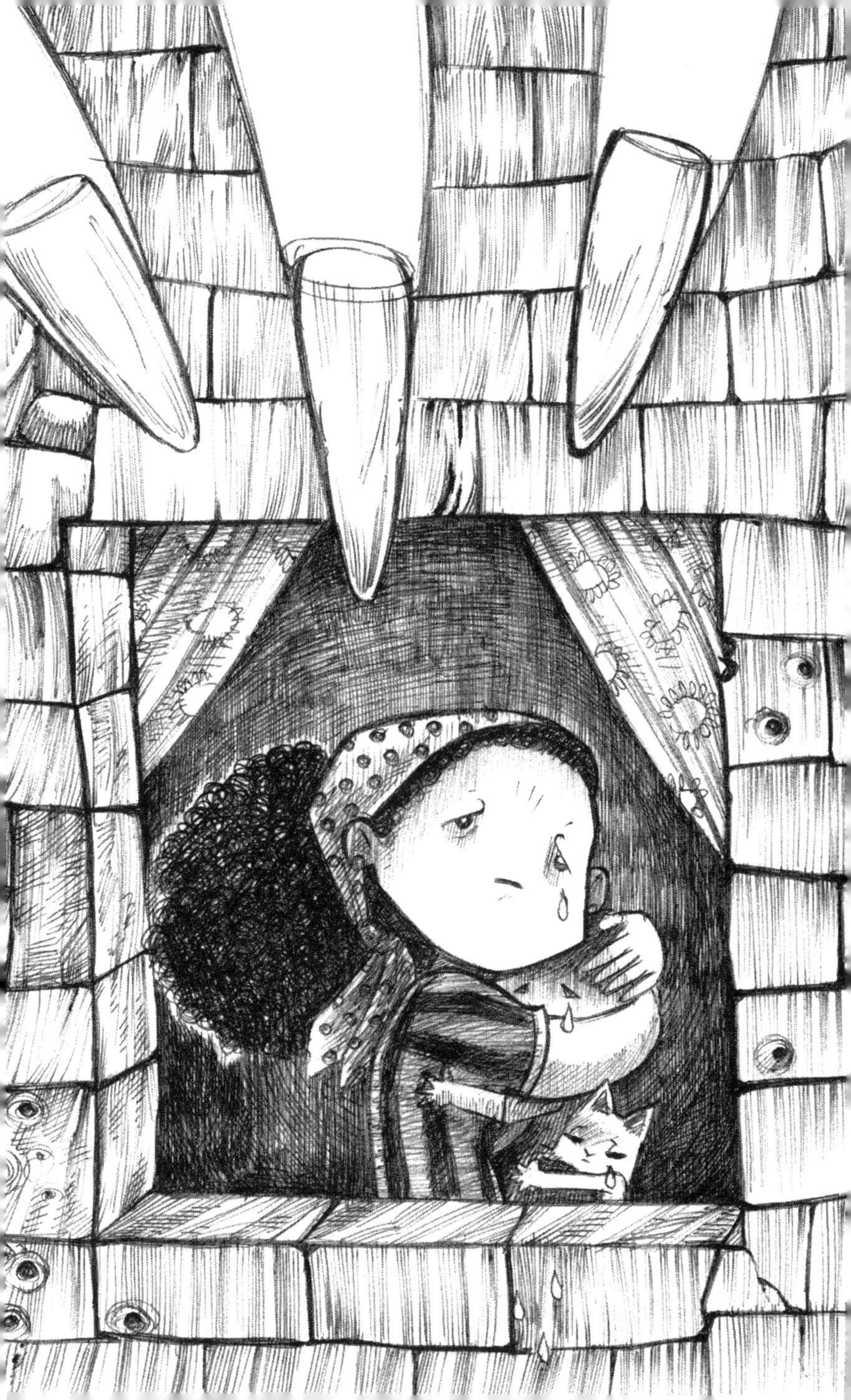

Memória perdida

Yolanda Soares

Relembra os versos antigos
Do sonho um dia vivido
Se embriagando total
Saindo do mundo real
Rosto desnudo diz tudo
Corpo vestido contido
Olhar singelo perdido
Andar discreto sentindo
O sol lá fora queimando
Dentro o dia partindo
Os sonhos vão se afastando
Mostrando a todos dormindo
A alma chora e implora
Que a memória reviva
E volte a tempo na hora
Com a história da vida
O sol foi e não voltou
A lua se escondeu
A estrela não mais brilhou
A vida emudeceu
Confunde o ontem com o hoje
Diz que sim quando é não
Não lembra que dia foi ontem

Quem sou eu?
Quem é você?
E todos...
Quem são?
A memória pode esquecer...
Mas o coração continua pulsando o amor de verdade.
E a alma?
Ah, a alma fica revivendo
Sonhos que não foram possíveis realizar.

E é só nosso esse amor!

Yolanda Soares

O nosso amor
É muito mais
Que um simples amor
Ele tem o tamanho do mundo
Ele é muito, muito profundo!
E é só nosso esse amor!

O nosso amor
Tem o poder
De fazer o sol nascer
Tem o poder de fazer
O sol se pôr
Tem o poder de fazer
Lua minguante ficar cheia
Tem o poder de fazer sorrir
O mais triste sonhador
E é só nosso esse amor!

O nosso amor
Ressuscita o que for
Faz renascer das cinzas
Até quem está caído no chão
Faz a estrela cadente
Correr no céu
Faz a ilusão
Virar realidade
E mexer com qualquer coração
E é só nosso esse amor!

O nosso amor tem o poder
De transformar
Botão em flor
Tem o poder de mostrar ao mundo
Que ele é grande e é profundo
E é só nosso esse amor!

O que há em mim é amor

Mery Onírica

A paixão chega
As folhas caem
Secam e florescem
Vamos ficar juntos
E o céu vai se abrir
E a chegada
Do verão não tarda
Diz que me ama baby
E o sol
Baterá palmas
Coisas boas
Vou fazer com você
Por onde começamos?
Nuvens não
Cobrem montanhas
Quando o amor
É forte como uma
Rocha
Seu amor
Ilumina meu universo
Você é minha poesia
É meu céu

Cheio de estrelas
Meu infinito é seu
Corpo que brilha
Com meu toque
Como um diamante
Bem lapidado
É fácil
Estar com você
Você é minha
Simplicidade sagrada
Seus braços
É o melhor
Lugar do mundo
Amo-te mais
Que a mim
A lua e as estrelas
São testemunhas
Do nosso amor
Nosso amor
É como concha
Nos corais
Nossos beijos
Estão escritos nos muros
Essas coisas todas
É amor!

Os pensamentos

Lindacy Fidélis de Menezes

Às vezes no silêncio do meu mundo
Me ponho a pensar nos momentos importantes
Que me são dados em formas de pensamentos.
Um mundo interessante e maravilhoso,
Que descubro a cada segundo
E me confunde a cada momento.
Tropeçando sigo em frente
Sem saber o que me espera.
Cada pedra que encontro se torna uma barreira
Que aumentam as minhas expectativas
E desperta a minha curiosidade sem limites
E ai me perco e me pergunto
E agora?
Paralisada permaneço sem saber o caminho.
Por um estante me sinto fraca
O desejo da desistência me toma e me apavora
Mas logo vêm eles
Fortes e determinados
Dando ordens e decidindo o que fazer.
Não sou dona mais de mim
Eles me levam a caminhos desconhecidos
Nunca vistos
Onde sonhos se tornam realidades e para minha alegria
Acordo feliz
Pensando nos poemas enviados por eles, os pensamentos!

Lembranças
Yolanda Soares

Hoje a minha infância se faz presente
Tanto quanto o presente se faz ausente
Tanto quanto o passado é aprisionado
Tanto quanto o futuro se faz calado
Tanto quanto queria ter esperado...
Pelo príncipe encantado
Minha infância está de volta
Ao presente que hoje vivo
Ela está dentro de mim
E parece não ter mais fim
São lembranças que fazem
Meus sentimentos guardados
Submergirem do tempo...
Algumas feridas abertas que ainda me fragilizam
Outras cicatrizadas que já há muito guardadas
Não me põem em perigo
Mas não vou deixar que lembranças
Me vençam ou mudem meu destino
Vou curá-las de uma vez
E nunca mais permitir
Que voltem ao meu presente
Para que no futuro
Sinta que as venci!

Mãe, o mais tudo do planeta
Mery Onírica

Caminhando pela rua da palavra
Me pego a pensar em como aprendi a ler e a escrever.
Paus e gravetos foram meus lápis.
Areias e terras meus cadernos.
Minha mãe foi quem me ensinou o bê-a-bá.
A rua foi a casa
O trabalho o sustento
Ancinhos e enxadas o começo de uma vida dura.
Fome e sofrimento de nossas vidas fizeram parte.
Por isso faço da poesia minha obra de arte.
"Deus é seu tutor, com ele seu futuro será promissor"
Palavras e incentivos de minha mãe.
Paus e gravetos se transformaram em lápis e canetas
Areias e terras em cadernos e livros.
O bê-a-bá virou poesia.
"Mãe" é pedra preciosa, raridade, valor sem dimensão.
Nossas vidas são feitas de escolhas
Graças a Deus fiz a escolha certa
Abracei o mundo e virei poeta
A poesia é minha essência
Minha mãe responsável por minha existência.

As histórias que ela me contava me levaram a sonhar
Ser feliz, amar e ser amada.
Minha autora e meu livro preferido de histórias
"Mãe é tudo"!
Hoje leio e gosto de escrever
Faço da poesia minha arte de viver
Tudo graças a você: Rainha "Mãe"!
Uma singela homenagem a todas as "Mães"
E àquela que pra mim foi, é, e sempre será
A mais corajosa e sábia mulher que conheci
Em toda a minha vida!

À procura
Mery Onírica

O dia amanhece na minha solidão
Tento alcançar coisas que não vejo
Se estiver errado, procuro no tempo me encontrar
O tempo, as lembranças, são retratos que se apagam
Mas a palavra ministra a nossa alma
Guiados por um coração
Pulsante e enraizado por atitudes de quem procura ser feliz.
Sou a boca da noite, e vou mastigar o mundo!

A poesia salva

Mery Onírica

Contar que a poesia me salvou
Com certeza eu vou
Falar das mudanças
Com a poesia e minhas andanças
É provar que venci
Com o amor de mãe que herdei
Meus dias comuns nunca foram mágicos
Mas eu pintei a lua de azul
Os sonhos interrompidos
Na poesia foram devolvidos
Por tudo o que sofri
Lendo e escrevendo a vida me sorri
Não tenho tudo, mas tenho casa.
Misturo o mundo com a maravilha dos absurdos
Grades não me cercam
Porque a poesia me liberta
A poesia me dá cor, vida.
A poesia me encanta, e não me deprime.
A poesia é poesia até onde couber mais poesia
A poesia é vida em mim!

Amo amar poesia

Mery Onírica

Amanheci Poeta
Entardeci Poesia
Anoiteci Filosofia
Madruguei Literatura
Contemplei o luar
Tomei muda
Banho de mar
Dormi um sonho
Acordei desejo
Vago amor no silêncio
Do som de um amor
Suave e envolvente
Não sonho saudade
Pois o amor é real
Me alimento, me sustento
De teu amor
Em todos os momentos
Rego as palavras
Me rendo a seus pés
Nada me detém
Poesia, de você sou refém!

Socorro

Lindacy Fidélis de Menezes

Sou um céu estrelado
Sou a lua que brilha
Sou o sol que aquece a terra
Sou a chuva que cai germinando semente
Dando vida à vida das vidas
Sou o vento que passa levando comigo as nuvens de gelo
Soprando as poeiras das estradas por onde passo
Sou a nascente e sigo caminhos de rios e mares
Dou vida aos peixes que pulam e nadam
Seguindo seus destinos
Sou o pássaro que voa a procura de uma árvore robusta
Com folhas e galhos para fazer a minha morada
E procriar a minha ninhada
Sou quem dá flores aos campos, frutos e vegetais
Sofro e grito com meus rios e riachos poluídos
Preciso de amor, carinho e atenção
Sem mim o mundo perde a graça, a cor e a beleza
Me ajudem
Sou a natureza calma e mansa
Surjo do nada a procura do tudo.
Socorro!

Festa ou bagunça

Mery Onírica

O rádio ouvia calado
O acendedor tagarelava
A cortina andava de um lado para o outro
A mesa chorava enquanto o prato sorria.
O armário batia palmas pra pia que dançava.
O detergente soltava puns, e o chão morria de rir.
O fogão balançava os ombros, desdenhando a parede
Que de cara feia fazia caretas.
As panelas cantavam de alegria, porque as tampas estavam nuas.
As lâmpadas pintadas de batom
Chamavam as garrafas térmicas de bolinhas de sabão
O sabão por sua vez dizia gracinhas para as esponjas
Que mal humoradas abriam os braços para parar de soluçar.
Chegou o café, com seu terno branco
E convidou a manteiga para dançar.
Revoltado, o açúcar chamou o sal e gritou
Que ali estava uma verdadeira bagunça.
O sal então cheio de atitude levantou as pernas
Em forma de protesto.
O arroz correu e quebrou o dedo
E o feijão ficou com dor de barriga de tanto que riu.
O tomate apareceu e a cebola não se conteve
Apontando o dente quebrado do tomate
Que sem graça saiu de fininho
O pimentão, com seu dente roxo, exibia seu sorriso.
O biscoito de bota preta apontava
O chiqueiro que estava a cozinha da vovó

O saca-rolha, sem companhia, se enrolou na escada
Que estava de vestido rosa.
A geladeira, com sua saia rodada, sacudia a cabeça
Reprovando a atitude de todos.
Bem fez a xícara, que abriu sua bolsa e pegou seu tablet
E começou a tirar fotos de tudo.
Quem não gostou foi o óleo
Que dava beijos ardentes na broa de milho.
Os condimentos sapateavam nas prateleiras.
O garfo e a faca espirravam sem parar
O liquidificador segurou a bica e lhe deu um forte abraço.
Os copos estavam bêbados.
O micro-ondas amarrou a fruteira pra ela não sambar.
O piso estava triste
Pois seu amigo o pano de chão estava morto.
Morreu de infarto fulminante
O pão, o bolo e a geleia chegaram para a festa
Mas o escorredor de pratos avisou
Que não dava para entrar mais ninguém.
O pão, o bolo e a geleia deram meia volta
E com toda pose entraram em sua limusine.
A vela e a tomada comeram torta de maçã.
Que festa, que bagunça!

Todas as cores
Lindacy Fidélis de Menezes

Sou mulher nordestina,
Carrego nas veias o sangue quente
Sou brasileira, filha da terra farta
Criada pela vida maluca
E do tempo que passa
Sou o ser que carregou o outro
Dou vida à vida
Sou filha da vida
Sofro preconceitos
E discriminação racial
Sou mãe, amante...

Dou conta do trabalho e da casa
Sou cobrada pelos erros e acertos da sociedade
Sonho com um mundo melhor
Mais digno de respeito
Sou mulher real
Não fujo à luta.
Não me curvo diante das dificuldades
Sou filha de todas as cores
Pretas, brancas, amarelas
Vermelhas, roxas, verdes
Azuis da cor do céu
Sou o brilho das estrelas
Sou o arco-íris que enfeita o céu
Com suas cores vibrantes
Por isso sou feliz, amante da natureza
Sou mulher sem preconceito nem racismo!

As lembranças!

Lindacy Fidélis de Menezes

Lembro as alegrias que se foram, e as tristezas que me ensinaram a sobreviver. Lembro o tempo que passou e que não volta mais.
Ah! Quantas saudades eu tenho da juventude
Sem rumo e sem sabedoria que um dia fez parte da minha vida!
Amiga inseparável, com sonhos e ilusões que ficaram no passado.
Hoje para não me tornar ridícula e revoltada
me juntei a mais uma amiga.
A velhice!
Sábia e conselheira, passei a valorizar a vida e tudo que está à minha volta.
E ela disse:
Respeite tudo e todos, e se ame a cada amanhecer.
Aproveite os momentos...
Dance, cante, não pare!
O mais importante é ser feliz.
Nascemos para viver e aprender com os tropeços da vida.
E um dia partir.
E a última que nós esperamos de braços abertos é a morte.
Querendo ou não, um dia vamos embora.
E assim a vida segue seu rumo.

Sentimentos... Deus nos deu

Yolanda Soares

Temos tantos sentimentos
Que transbordam em nosso ser
Alguns gostamos de sentir
Já outros preferíamos não ter
O amor invade a alma
A paixão arde no peito
A saudade dói demais
E perturba a nossa paz
A alegria é maravilhosa
A tristeza até mata
O ódio maltrata o corpo
E reduz a vida a nada
O ciúme é um veneno
Para quem ama e é amado
Ele é um sentimento pequeno
E cheio de pecado
A felicidade, não cansamos de procurar
Uma hora a gente encontra
Deus há de nos ajudar
São tantas as emoções
Nessa vida abençoada
Vida que Ele nos deu
E deu de graça
Pena que o ser humano não dá valor
E não cultiva o maior dos sentimentos
Que é o amor.

O medo do outro

Lindacy Fidélis de Menezes

Apresso os passos
O coração acelera
E o medo aumenta
E a cada passo sinto o vento frio
Que bate sobre a minha face gelada
No compasso dos movimentos
Encontro homens engrandecidos por tantas maldades
Seu alvo é a ganância pelo maldito poder
E com um tapete bonito por cima
A vida segue com o medo de tudo e de todos
Até mesmo de nós.
São tantos os que ameaçam a vida
E sem olhar para trás corremos
Calamos
Nada vimos, nada sabemos, nada nos interessa
Somos covardes, confesso, não nego!
O tempo passa e nada muda, tudo continua do mesmo jeito
Caminhamos sem direção
Mesmo sabendo que aonde chegarmos
O medo vai estar lá
Guardado no tempo

Nas memórias
Ou na vida de alguém que um dia passou a todo vapor
Querendo chegar cedo em algum lugar qualquer
Onde o medo não faça morada
Onde a paz more tranquila
E todos possam passar sem medo
De nada
Nem mesmo dos outros!

Seres humanos

Yolanda Soares

Somos seres humanos
Todos somos!
Só misturamos
O meu avô era negro
Ele casou com a minha vó
Mulher branca, olho azul...
Da mistura nasceram minha mãe e mais sete...
Uns brancos, outros não
Porém felizes.
Mamãe teve treze filhos, alguns brancos, outros não
Mas felizes
Meus irmãos, felizes que são
Casaram-se com negras
E tiveram filhos negros, uns, outros não
Eu casei com um filho de portuga com negra
Homem branco de cabelos cacheados
Fizemos três filhos...
Todos brancos,
Cabelos lisos?
Nem tanto!
Vieram com muitas perguntas; os meus
E os dos meus irmãos:
Somos o quê?
Brancos ou negros?
E respondemos pra eles:
Somos todos seres humanos.

Qual o preço?
Yolanda Soares

Quanto vale uma vida?
Quanto vale o amor?
Quanto vale a despedida
E o tempo que passou?
Quanto vale o abraço
De um simples ser qualquer?
Quanto vale o caráter
E a riqueza...
Quanto é?
Como é o diferente
Que ajuda a quem precisa
Que dá o que tem para o outro
Sem ligar pra própria vida?
O que tu sabes da caridade?
Qual a sua definição?
O que você faz de verdade
Pra mudar essa visão?
Quanto vale o seu irmão?
O seu pai e sua mãe?
Quanto vale o seu filho?
E quanto vale o seu perdão?
Quanto vale o amor que Deus nos deu?
Me diga! Quanto vale o seu?

Passageiros do amor

Mery Onírica

No teu sorriso há a paz
Que preciso para existir
Dois corações, uma só vida
Sem seu amor sou solitário
Sou um céu sem estrelas
Um palco vazio!
Deleito-me
No seu corpo sem pudor
Sou seu mar, sua areia macia
Suas águas calmas, sua força interior
Sua decisão com sabedoria
Somos felizes!
As raízes do nosso amor
É parte integrante
De um vínculo eterno!

Tu és o meu trem
Com um único vagão
Meu coração!
O brilho dos trilhos indica
Que está chegando à estação
A estação do amor!
Nosso amor é como,
Um livro lido com avidez!
Nosso amor é como a primavera
Florido!
Nosso amor é como a pintura
Colorido!
O amor é como eu e você
Dois corpos, duas mentes
Uma só alma vivente!

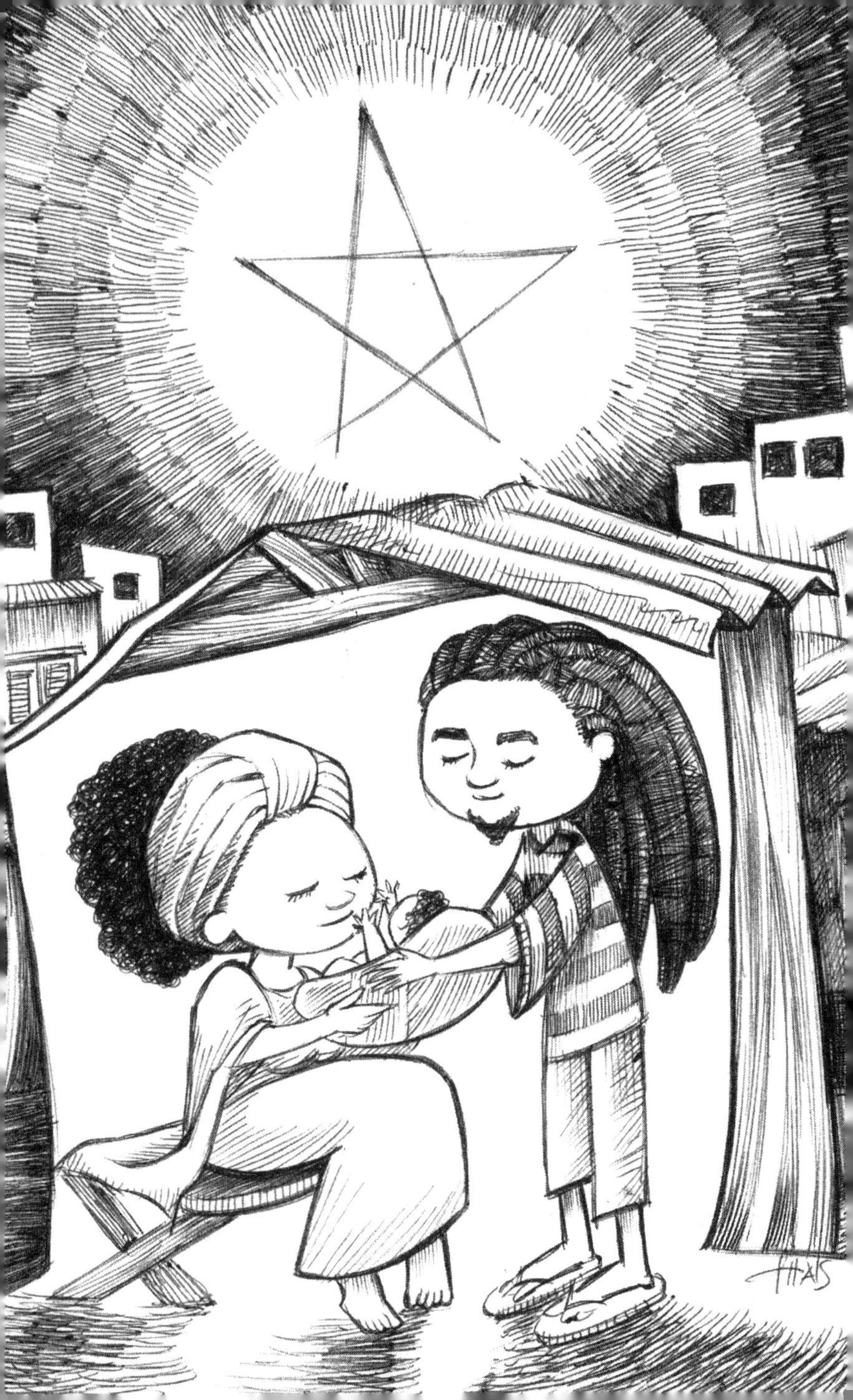

É Natal

Lindacy Fidélis de Menezes

O tempo está passando e mais um Natal está chegando
Trazendo as lembranças boas
E os momentos marcantes e inesquecíveis.
Trazendo as saudades e as despedidas dos amigos
Que encontramos pelos caminhos.
As amizades que podem crescer ou ficar congeladas
Nas fotos tiradas de Fim de Ano
Seja de uma simples ou grande comemoração.
O Ano Velho se despede
Deixando as histórias.
O Ano Novo chega
Trazendo esperança.
Talvez tristezas e assim a vida segue
O Tempo corre sem parar.
Os dias circulam brincando de vai e vem.
Assim se vai a vida...
Se deixando congelar nas fotos tiradas
Lembranças dos amigos que ficaram marcadas
Para sempre na vida da gente.
Agora prepare o sorriso e vamos congelar este nosso momento.
Feliz Natal e um próspero Ano Novo
Cheio de paz, amor, saúde
Prosperidades e muitas felicidades!

Agradecimentos

Especialmente à querida **Hilda Hiroko Hatakaiama**, e demais que nos apoiaram. Seu amor é nossa maior inspiração:

Leilane Brito
Vani de Carvalho Soares
Idevan Ligeiro de Carvalho
Jessé de Barros Fresta
Rodolfo Moreira de Souza
Rodrigo Santos
Alana Francisco
Lucas Viriato
Ualace Rodrigues
Viviane da Silva
Júlio da Silva
Thainá Moreira Uliano
Márcia Moraes Pimentel Zolly
Cristiane Castro da Silva
Carlos Vladimir da Silva Moraes
Jaílton Mello
Meg Amoroso
Lourdes de Freitas Sodré
Ana Paula Soeiro
Vânia Cristina da Silva
Marynara Castro de Souza
Janice Oliveira
Julio Ludemir
Simone Martins
Carlos Alberto Moreira
Mauricio Maia
Bruno Black
Tapyir de Mello
Patrícia Fidelis dos Santos
Maria José de Oliveira Gonçalves

Acompanhe as Sarauzeiras Oníricas nas redes socias.

https://www.instagram.com/sarauzeiras/
https://www.facebook.com/zebraboa/

Este livro foi impresso em papel offset,
utilizando as fontes Avenir e Primordial,
no ano de 2019 – Rio de Janeiro.